AF331307

DU DROIT

DE PÉTITION

A L'OCCASION

DES ÉLECTIONS.

DU DROIT

DE PÉTITION

A L'OCCASION

DES ÉLECTIONS.

PAR B.-C. DUNOYER, ÉLECTEUR.

A PARIS,

CHEZ LES MARCHANDS DE NOUVEAUTÉS.

1824.

DU DROIT

DE PÉTITION

A L'OCCASION

DES ÉLECTIONS.

On suppose communément que le roi, en dissolvant la Chambre et en convoquant les colléges électoraux, a voulu connaître l'opinion de la France sur la conduite et les projets avoués du parti qui dirige en ce moment nos affaires.

Je suis placé beaucoup trop loin du trône pour savoir les motifs de ses déterminations. Mais, en supposant qu'en effet le chef du gouvernement a voulu faire un appel à l'opinion du pays, est-il au pouvoir du pays de lui répondre et de lui faire savoir, par la voie des élections, ce qu'on pense en général des doctrines et des pratiques du parti dominant?

On ne peut pas se dissimuler d'abord que notre législation électorale ne rende cela fort difficile. Il n'est pas bien sûr que ce soit la France qui est consultée. Environ quinze mille électeurs sont chargés de répondre pour trente millions d'hommes : quinze mille électeurs privilégiés nomment cent soixante-douze députés sur quatre cent trente, et fournissent ainsi, à eux seuls, les deux cinquièmes de la réponse.

A la vérité, ce n'est pas seulement à cette poignée d'hommes que la question est adressée; elle s'adresse, pour les trois cinquièmes des députés à élire, à un corps de soixante à quatre-vingt mille électeurs, dont la majorité, on s'accorde à le reconnaître, a des idées et des intérêts beaucoup plus conformes aux idées et aux intérêts légitimes du grand nombre.

Mais le parti qui tient le pouvoir et qui a fait la loi a arrangé les choses de si bonne sorte, qu'il est, sinon impossible, du moins prodigieusement difficile à cette majorité d'être maîtresse de ses élections. Premièrement, elle se trouve très-modifiée par la présence des électeurs privilégiés, lesquels sont admis à voter avec le gros des électeurs avant d'aller voter dans leurs colléges séparés. Secondement, elle a été disséminée dans une multitude d'arrondissemens électoraux, et on a eu l'art de la répartir de manière à annuler un nombre considérable des voix libérales dont elle se compose. Troisièmement, enfin, elle ne préside point aux opérations des colléges; elle ne nomme ni ses présidens, ni

même, en réalité, ses scrutateurs, et par consé-
quent elle n'est pas sûre de la régularité des
opérations des bureaux.

Ainsi, quand la majorité n'aurait à vaincre
que les obstacles mis à l'expression de son vœu
par l'injustice et la partialité des lois, il lui serait déjà très-difficile, on ne peut le nier, de répondre à l'appel de S. M. et d'éclairer sa sagesse
sur la conduite du parti qui l'entoure et qui nous
domine.

Mais que serait-ce si des difficultés déjà si
graves étaient encore aggravées par le parti qu'il
s'agit de juger? Que serait-ce si, maître du pouvoir et chargé de diriger l'opération, ce parti la
dirigeait de manière à empêcher entièrement
qu'elle ne fût libre? Que serait-ce, je ne dis
pas s'il entreprenait d'intimider ou de corrompre les électeurs, parce qu'enfin les électeurs
doivent savoir résister aux séductions et aux menaces, mais s'il les mettait matériellement dans
l'impossibilité d'user de leurs droits; s'il écar-
tait les uns par des dégrèvemens, s'il rebutait
les autres par des formalités multipliées à plai-
sir et qu'il est toujours si aisé de rendre insur-
montables; s'il trompait ceux-ci sur le jour où
doivent se faire les élections, s'il fermait la
porte à ceux-là parce qu'ils n'auraient pas pris
leur passe-port avec leur carte? Que serait-ce,

en un mot, si, par une suite d'expédiens plus ou moins illégaux, il empêchait physiquement la majorité d'arriver dans les colléges? Serait-il possible encore à cette majorité, jouée, vexée, éconduite, de répondre à l'appel du roi et de lui faire savoir, par les élections, ce qu'elle pense du parti qui nous gouverne?

On me dira qu'en pareil cas les électeurs pourraient dénoncer les fraudes et les violences dont ils auraient à se plaindre. Les dénoncer? à qui? Remarquez bien que le parti dont la conduite politique est soumise, soi-disant, au jugement du pays, est chargé lui-même de diriger la procédure, et que, s'il commet des irrégularités pour obtenir un jugement favorable, nous n'en pouvons demander le redressement qu'à lui. On peut sans doute se plaindre du maire au préfet; mais le parti, maître des municipalités, domine aussi dans les préfectures. On peut porter sa plainte au conseil d'État; mais c'est une position où le parti s'est encore assuré la majorité. On pourrait enfin dénoncer à la nouvelle Chambre les pratiques illégales par lesquelles le parti l'aurait fait élire; mais le moyen de croire que la majorité de cette Chambre consentît à se détruire elle-même et à se déclarer illégalement élue?

Le parti peut do c commettre les plus graves

prévarications sans que nous ayons aucun moyen d'y mettre obstacle. Je n'examine point s'il le fait, ceci est une question à part et dont je laisse juge tout le public ; mais je dis qu'il a les moyens de le faire. J'ajoute même que, s'il veut agir frauduleusement, son intérêt est de ne pas le faire à demi : car, en fait d'élections, un moyen assuré de frauder impunément, c'est de frauder assez pour obtenir la majorité. Par quelque moyen qu'on l'obtienne, en effet, n'est-on pas toujours sûr de lui faire trouver bonnes et valables les opérations par lesquelles on l'aura obtenue ?

Ainsi, il ne faut point s'abuser, quelque zèle que déploient les électeurs, il est au pouvoir du parti dominant d'échapper au jugement de la majorité, et de faire que le pays ait l'air d'approuver sa conduite, alors même qu'il la condamnerait de la manière la plus positive et la plus forte.

Mais la France n'a-t-elle donc que la voie des élections pour faire connaître au roi ses vrais sentimens ?

Elle en a une autre sans doute ; elle en a une qu'on ne peut ni fermer, ni fausser, et qui, au besoin, peut lui tenir lieu de toutes les autres : elle a la voie de la plainte. Cette voie est toujours ouverte à tout le monde ; elle est aussi légale que la voie des élections ; elle est beaucoup plus facile ; elle peut être enfin tout aussi puissante, bien que, de sa nature, elle ne semble pas devoir entraîner des effets aussi nécessaires.

Je dis qu'elle est aussi légale : et, en effet, le simple citoyen qui fait une pétition use d'un droit tout aussi reconnu, et sûrement plus incontestable, que l'électeur qui donne son suffrage ; la France peut condamner la conduite du parti dominant par ses plaintes tout aussi régulièrement que par ses votes ; il lui est aussi permis de demander au roi le renvoi des ministres par des adresses que de le mettre dans la nécessité de les renvoyer en nommant des députés qui refusent de voter avec eux.

La voie de la plainte est beaucoup plus aisée que celle des élections : l'usage, en effet, n'en est pas soumis aux mêmes formalités, aux mêmes entraves ; il n'est pas subordonné à l'âge qu'on a, à la contribution qu'on paie ; il n'exige pas l'intervention du percepteur, du maire, du préfet ; on peut en user en tous temps et en tous lieux, de vive voix ou par écrit, en public ou en particulier ; le public, en un mot, a toujours moyen, s'il est vivement choqué de quelque projet ou de quelque acte des ministres, de le faire savoir au roi, et ici il a cet avantage qu'on ne peut pas le faire mentir, c'est-à-dire que, s'il est possible d'empêcher que son véritable vœu ne se manifeste dans les assemblées électorales, il n'y a pas moyen d'empêcher qu'il ne se montre tel qu'il est dans des pétitions.

Je dis enfin qu'il est possible de produire autant d'effet par des plaintes que par des votes. On ne produit pas sans doute un effet aussi direct; le public, en usant du droit de pétition, ne pourvoit pas lui-même au redressement de ses griefs, mais il peut obtenir que l'autorité les répare, et il est d'autant plus sûr de l'obtenir qu'il sait mieux le demander. L'effet d'une plainte est toujours proportionné à sa nature. Plus elle est générale, spontanée, sentie, ferme, digne, motivée, et plus elle a des résultats considérables. Telle elle pourrait être qu'elle obligerait immédiatement le pouvoir et le mettrait dans l'impuissance de refuser de faire justice.

On dit : Il a été formé dans tous les temps de justes réclamations qu'on n'a pas écoutées. Je réponds que, lorsqu'elles ne sont pas écoutées, c'est qu'elles ne méritent pas de l'être; c'est qu'elles n'ont pas le caractère qu'elles devraient avoir pour se faire accueillir; c'est qu'elles ne sont pas assez générales, ou bien qu'on n'en a pas rendu la justice assez frappante, ou bien qu'elles ne sont pas faites avec assez d'intérêt et de chaleur; c'est qu'il est visible, en un mot, qu'on peut impunément les mépriser.

Il y a beaucoup de reproches à faire au pouvoir; mais on ne peut pas lui reprocher de manquer de tact pour discerner où est la force : c'est la chose dont il s'occupe le plus, et celle en général où il réussit le mieux. Toutes les fois qu'il trouve de l'opposition à ses desseins, bons ou mauvais, il étudie la nature de la résistance qu'il éprouve; il la sonde, il la mesure en tout sens. Si elle est légère et superficielle, il passe outre ; si elle a de l'étendue et de la profondeur, il cède, il s'arrête, il attend.

La conduite de nos ministres nous offre, en ce moment même où ils se montrent si entreprenans, des preuves évidentes de cette sagesse, de cette résignation avec lesquelles le pouvoir se soumet toujours à l'obstacle qu'il ne peut pas vaincre. Il n'est sûrement pas douteux que le ministère ne soit plein d'affection pour son parti, plein de complaisance pour ses prétentions; et pourtant on l'a vu dernièrement censurer et supprimer avec éclat le mandement de Mgr l'archevêque de Toulouse; et pourtant voilà que depuis quelque temps il a eu l'air de biaiser sur le droit d'aînesse, de tergiverser sur les jurandes, d'avoir des doutes sur la dotation du clergé et sur plusieurs autres prétentions de ses amis:

Pourquoi cela? Parce qu'il a vu que la nation se sentait blessée dans sa raison et dans sa justice par ce débordement de prétentions extravagantes et iniques; parce qu'il a senti qu'il y avait péril à les manifester, du moins en ce moment, et qu'il était bon d'attendre jusque après les élections.

Le pouvoir a beau être entreprenant, il est un point où il faut qu'il s'arrête, celui où la raison publique est plus forte que ses passions. Il est le maître de faire tout ce que les masses n'ont pas la volonté d'empêcher; mais ce que le grand nombre veut réellement empêcher, c'est en vain qu'il aurait le désir de le faire. Il peut étouffer violemment des plaintes isolées, il peut résister avec hauteur à des réclamations nombreuses; mais il cède tout doucement au vœu du public, alors surtout que ce vœu est l'expression d'un besoin véritable et que le public sait s'expliquer avec la force et la mesure qui conviennent à sa dignité.

Sachons-le donc bien, si l'on peut nous mettre dans l'impuissance d'exprimer notre vœu par les élections, on ne peut pas nous empêcher de le faire connaître par nos plaintes; si la France n'a pas le pouvoir de contenir le parti dominant par ses votes, elle est toujours maîtresse de l'arrêter par la sagesse, la force et l'ensemble de ses réclamations. C'est à elle de voir s'il lui convient de souffrir tout ce qu'il dit vouloir entreprendre. Il osera faire tout ce qu'elle n'osera pas empêcher; mais il s'arrêtera dès qu'elle voudra sérieusement qu'il s'arrête.

Non seulement nous pouvons suppléer par la force de nos vœux à la faiblesse de nos institutions; mais il n'y a jamais réellement que notre volonté qui nous protége. Les chartes octroyées peuvent être révoquées; les droits reconnus peuvent être méconnus. Cela seul nous est acquis, cela seul nous est assuré, que nous sommes en général disposés à défendre. Si, dans la masse des biens dont nous jouissons, il est des choses sur lesquelles nous ne permettrions pas à l'autorité de porter la main, nous pouvons dire que celles-là sont à nous, mais celles-là seulement. Toutes les autres sont au pouvoir, quoiqu'en disent les lois qui nous les garantissent; toutes les autres sont au pouvoir, puisqu'il pourrait nous en dépouiller sans aucun péril.

Le respect du pouvoir pour un ordre de droits ou de propriétés quelconque est toujours en raison du prix qu'y attache le public. Voyez s'il attente habituellement à nos propriétés matérielles. Enlève-t-il à un homme son cheval, sa maison, sa terre, du moins sans une préalable indemnité? Non, sans doute. Et pourquoi cela ? Parce que chacun de nous est protégé dans la possession de ses biens matériels par la raison et l'honnêteté publiques, et que nul gouvernement ne pourrait s'arroger le droit de nous en dépouiller sans risquer de nous soulever contre lui.

Le pouvoir, au contraire, manque essentiellement de respect pour nos propriétés immatérielles. Il lui arrive chaque jour d'entreprendre sur le libre et légitime exercice de nos facultés. Il enlève aux uns l'usage de leur esprit, aux autres celui de leurs membres. Il dit à celui-ci : Tu ne seras pas avocat ; à celui-là : Tu ne seras plus libraire. Il dit : Je veux qu'il n'y ait que tant de bouchers, tant de boulangers, tant de courtiers, tant d'agens de change ; et en conséquence nul ne peut faire du pain, vendre de la viande ou des rentes sans son expresse autorisation. Il destitue un imprimeur, un avoué, un maître d'école, comme il ferait un de ses délégués. Il défend à tel étudiant de poursuivre le cours de ses études, il confisque ses inscriptions, il l'exclut de toutes les facultés du royaume. Il est tel médecin à qui il interdit de concourir pour devenir professeur. Il refuse à l'ouvrier son livret, il retire au charbonnier sa médaille, et il leur ravit à tous deux l'usage de leurs bras. Finalement, il se considère comme le maître ab-

solu de notre intelligence, de nos organes ; il
en dispose ainsi qu'il lui plaît... En veut-on
savoir la raison ? C'est qu'il le peut sans que le
public y trouve à redire. L'opinion publique
couvre de son égide la propriété territoriale, qui
a commencé par l'usurpation ; et la propriété de
la personne et des facultés, de toutes les propriétés, comme dit Smith, la plus sacrée et la
plus indisputable, elle ne lui accorde presque
aucun appui. Si l'autorité s'avisait de prendre à
un homme son champ, parce qu'il ne penserait
pas comme elle, tout le monde serait révolté et
ne craindrait pas de le faire paraître ; et si, pour
opinion politique, un homme est dépouillé de
son industrie, de son état, d'une profession qui
lui a demandé de longues études, de grands sa-
crifices d'argent, et qui peut avoir commerciale-
ment autant de valeur que la plus belle propriété foncière, nous ne disons rien du tout.
L'autorité peut dépouiller des classes entières
de l'usage innocent de leurs facultés sans que
seulement nous ayons l'air d'y prendre garde.
Des imprimeurs, des libraires, des avocats, des
avoués, des notaires, des instituteurs, ont été,
dans ces derniers temps, privés de l'exercice de
leur profession, et le public n'a pas réclamé ; ils
n'ont pas même été défendus par leurs confrères,
par les gens du même métier ; à peine la plu-

part se sont-ils défendus eux-mêmes : tant de
certains excès nous paraissent chose simple!
tant de certaines propriétés, et les propriétés les
plus légitimes, nous semblent peu dignes des
respects de l'autorité!

Nous ne cessons de faire le procès au pouvoir, et nous devrions surtout nous accuser
nous-mêmes. Nous sommes tous plus ou moins
coupables du mal qu'il nous fait. Nous ne souf-
frons pas une oppression qui n'ait sa véritable
cause dans l'état général de nos idées et de nos
habitudes publiques. Si je ne jouis pas de tel
droit, ce n'est pas seulement parce que l'autorité s'y oppose : c'est surtout parce que le public
ne le veut pas. L'obstacle n'est pas tant dans la
violence du ministère que dans l'ignorance du
public, dans son incurie, sa molesse, son défaut
de courage et d'honnêteté politique.

Combien, par exemple, dans le nombre des
injustices dont on accuse le pouvoir, n'en est-il
pas qui ont leur raison, et pour ainsi dire leur
excuse, dans des idées généralement reçues?
Non seulement le despotisme, dans son ensemble, tient à une certaine masse de préjugés et
d'erreurs répandus parmi le peuple; mais chaque
tyrannie particulière a ses erreurs correspon-
dantes dans la société, et dépend d'un certain

nombre de notions fausses qui pourraient défier les insurrections et les complots, qui mettent cette tyrannie, tant qu'elles existent, à l'abri de toute espèce d'attaque, et ne laissent d'autre moyen de la détruire que d'extirper ces erreurs elles-mêmes du sein de la population.

A la vérité, il est des excès qui n'ont presque aucun appui dans les idées du grand nombre, que l'on désapprouve même assez généralement, et que pourtant l'autorité ne laisse pas de commettre. Mais c'est que le despotisme ne tire pas seulement ses forces de notre ignorance; c'est qu'il profite bien davantage encore de notre lâcheté. Il arrive chaque jour que des mesures dont l'injustice paraît universellement sentie, des mesures contre lesquelles chacun fulmine dans des entretiens particuliers, passent sans exciter aucune réclamation publique. La loi a beau ouvrir au public la voie des remontrances, le public n'a garde d'en user : nous blâmons et nous laissons faire ; nous semblons quelquefois incapables de toute action utile pour empêcher qu'on n'entraîne le gouvernement dans les voies de la violence et de l'iniquité.

Une chose surtout est remarquable au milieu de l'énervement de nos mœurs politiques : c'est notre extrême répugnance à empêcher le mal par des moyens simples et permis. Il n'est peut-être pas impossible, à la rigueur, de nous faire entrer dans des sociétés secrètes, de nous pousser à des émeutes et à des rébellions. Mais obtenir que nous refusions tranquillement d'obéir à un ordre illégitime, que nous prenions ostensiblement la défense d'un homme injustement persécuté, que nous votions pour un candidat de notre choix quand l'autorité le repousse, que nous signions des pétitions pour empêcher quelque grande iniquité....... Voilà qui est si non impossible, du moins, en général, fort difficile.

Observez notre conduite sous les diverses dominations que nous avons subies depuis trente ans. Vous verrez, presque à toutes les époques, des tentatives violentes contre l'existence du pouvoir établi, mais jamais d'effort général et régulier pour l'empêcher de se mal conduire. Vous verrez quelquefois les masses se laisser entraîner à la révolte, mais jamais le gros du public empêcher une injustice par la manifestation énergique et spontanée de sa désapprobation ; jamais une mesure tyrannique rendue impossible faute de gens disposés à l'exécuter et de gens disposés à la souffrir.

Il y a eu je ne sais combien de complots contre le Gouvernement depuis 1814 ; plus de cent personnes se sont fait condamner à mort pour fait de conspiration ; un nombre beaucoup plus grand s'est exposé, pour le même genre de délit, à des châtimens plus ou moins graves ; enfin de pareilles tentatives n'ont certainement pas eu lieu sans qu'il ait été dépensé, pour les faire réussir, des sommes plus ou moins considérables d'argent. Sans doute, ces efforts ont été bien faibles et bien mesquins si on les compare au but que l'on se proposait d'atteindre ; mais ils ont sûrement été très-grands en comparaison de ceux que nous avons faits dans une meilleure direction. Où sont, en effet, les traits de courage civil que nous pouvons opposer à cet ensemble d'entreprises violentes ? Où sont les hommes qui se sont fait remarquer par une honorable fermeté à user, en toute rencontre, de leurs droits ? Quel usage le public a-t-il fait de la faculté qu'il avait de parler, d'écrire, d'adresser des pétitions et des doléances ? Comment les électeurs ont-ils veillé, dans les colléges électoraux, au maintien de leurs prérogatives ? Comment ont-ils su résister aux menaces et aux séductions ? Quelles faiblesses n'ont pas eues les députés de l'opposition eux-mêmes, eux qui nous devaient à tous l'exemple d'une conduite ferme, en même temps que mesurée ? Un jour, ils ouvrent solennellement une souscription en faveur des personnes qui pourront être arbitrairement emprisonnées, et ils l'abandon-

nent presque aussitôt, quoiqu'un arrêt fût inter-
venu qui la déclarait légale. Une autre fois, ils
sortent en masse de la chambre en protestant
contre un acte qui venait d'en expulser un de
leurs collègues ; mais, après avoir signé cette
protestation, ils n'osent la faire imprimer, et
tout cet éclat finit par une publication clandes-
tine. Je pourrais citer une foule de traits pareils.

Violence et pusillanimité, telle est, en général, notre devise. Nous avons le secret de faire
trop et trop peu. Le caractère de nos mœurs
politiques, c'est d'être à la fois séditieuses et ser-
viles, de ne pouvoir rien souffrir, et de n'oser
rien empêcher. Par le plus singulier des con-
trastes, on voit des hommes que la vue d'un
gendarme effraie, des hommes qui ne passent
point avec tranquillité devant un corps - de-
garde, et qui roulent toujours dans leur tête
quelque pensée de révolution. On déclame beaucoup à huis clos, on s'échauffe, on s'exalte, on
forme des projets séditieux.... et l'on recule
ensuite devant le moindre acte légal de courage.

Et pourtant, combien ne serait-il pas plus sûr,
plus utile, plus honorable, d'être courageux
sans esprit de faction, que poltron et séditieux
tout ensemble ? N'est-il pas évident qu'il y aurait
moins de péril à faire ce que la loi permet, qu'à

tenter ce qu'elle condamne? N'est-il pas évident aussi que des plaintes motivées, pour peu qu'elles fussent générales, seraient de nature à produire plus d'effet que quelques émeutes partielles? Quelle force n'aurait-on pas pour empêcher le mal si l'on pouvait obtenir de ceux qui le blâment qu'ils eussent le courage et l'honnêteté de le laisser seulement apercevoir.

Si, au commencement de l'année dernière, la moitié, le quart, si seulement le dixième des personnes qui déclamaient contre la guerre d'Espagne, dans des entretiens particuliers, avaient fait le moindre effort pour rendre leur désapprobation publique, la guerre d'Espagne n'aurait pas eu lieu ; le ministère aurait infailliblement reculé devant un tel concours de plaintes. Mais qui est obligé de savoir la pensée d'un public qui ne prend pas seulement la peine de parler? Qui voudrait s'inquiéter des vœux d'un peuple qui n'a que de l'humeur et de l'impuissance, qui se fâche toujours en secret et qui n'ose rien blâmer tout haut ?

Un gouvernement serait assez peu sage pour ne vouloir céder qu'à la violence, qu'avant d'exciter ses sujets à lui forcer la main, il faudrait au moins avoir acquis la preuve qu'ils ont quelques-unes des qualités qu'exige une aussi grave entreprise. Je concevrais que, pour un tel dessein, l'on s'appuyât avec confiance sur un peuple qui ferait habituellement preuve de courage civil, qui saurait user des moyens ordinaires que tout peuple a d'obtenir justice, qui ne craindrait pas de recourir à la plainte, à la publicité. Mais demander un effort violent à qui se montrerait incapable de l'effort le plus faible, exciter à conspirer des hommes qui n'oseraient même pas voter, ce serait une vraie démence. Vous voulez renverser votre gouvernement? demandait un homme sage : sur qui pouvez-vous compter? — Sur ses ennemis. — Où sont-ils? — Partout. — Je n'en vois point; personne ne souffle mot. — On n'ose.—Eh! si l'on n'ose se plaindre, comment osera-t-on vous soutenir?

Le mal est de ne pas oser se plaindre. Nous ne serions presque jamais réduit à la triste nécessité d'employer la force, si nous savions user à temps des moyens plus doux que nous avons de nous faire respecter. La révolte est un expédient barbare; il est humiliant pour un peuple d'être obligé d'y recourir : il n'y est jamais obligé que par sa faute. C'est pour avoir d'abord été faible qu'on est ensuite obligé de devenir violent. On n'a pas voulu résister quand on le pouvait sans esclandre, et lorsqu'enfin on est obligé de le vouloir, il se trouve qu'on ne le peut plus qu'en se portant aux dernières extrémités. On était trop sage, trop modéré pour vouloir contrarier le pouvoir, et par esprit de modération on s'est mis dans la nécessité de l'abattre. On redoutait un peu de bruit, et l'on a préparé une révolution.

Enfin nous aidons le despotisme par notre défaut de probité, plus encore peut-être que par notre manque de vrai courage. Je ne dirai pas, comme on le fait toujours, que nos richesses nous ont corrompus. Ce n'est pas l'aisance qui nous gâte, c'est la manière dont nous consentons trop généralement à l'acquérir. Si nous ne tendions à la fortune que par un libre et honnête travail, nous pourrions chercher à nous enrichir sans courir le moindre risque de nous corrompre. Le despotisme, loin de trouver un appui dans notre passion pour le bien-être, y trouverait son plus puissant obstacle, alors que nous écarterions tout moyen injuste et immoral de l'obtenir, alors que nous aurions assez d'honneur et un sentiment assez éclairé de nos vrais intérêts pour n'aspirer à être bien que par l'exercice de professions exemptes à la fois de priviléges et d'entraves.

Mais quelle est la classe de citoyens dans laquelle on soit bien sévère sur le choix des moyens par lesquels on travaille à s'enrichir ? Quelle est celle où l'on ne consente plus ou

moins à faire, aux dépens du public, des bé-
néfices illégitimes ? Quel est le fonctionnaire
qui s'avise de se trouver trop rétribué, même
parmi ceux qui reçoivent les émolumens les plus
considérables ? Quel est celui qui se demande seulement si le public, dans un marché libre avec
lui, consentirait à lui donner de ses services le
prix qu'il consent à en recevoir ? Rougit-on communément d'une fortune acquise dans une siné-
cure ? Rougit-on même de traitemens obtenus
dans l'exercice de fonctions nuisibles à la société ? Qui refuse de profiter d'un privilége établi ? Qui demande l'abolition d'un privilégé dont
il profite ? Dites-moi si les membres de telle
compagnie, de telle corporation, sont ennemis
bien déclarés des règlemens injustes à la faveur
desquels ils exercent seuls des professions dont
l'ercice devrait naturellement être permis à tous ?
Montrez-moi des fabricans qui se plaignent des
prohibitions qui leur permettent de nous vendre
leurs produits à un prix de monopole ? Faites-
moi connaître des capitalistes qui, avant de
prêter leur argent à un gouvernement, prennent
la peine d'examiner s'il doit en faire un usage
légitime et vraiment utile à ses sujets ? N'est-ce
pas une de nos convictions, amis de la liberté,
que le pouvoir est un mauvais entrepreneur
d'industrie, qu'il travaille d'une manière beau-

coup trop lente et trop dispendieuse : et néan-
moins quand le ministère, il y a deux ans, a
offert d'emprunter, à gros intérêts, pour ses
projets de canaux, avons-nous été moins em-
pressés que nos adversaires à lui ouvrir notre
bourse, et n'avons-nous pas concouru de tout
notre pouvoir à grever nos concitoyens d'une
dette de 240 millions, dont l'emploi, suivant
nos principes, ne devait tourner que très-in-
complétement à leur avantage ? Qui, parmi nous,
n'a pas condamné la guerre faite à Naples ; et,
en même temps, qui a refusé de prendre de
l'emprunt napolitain ? Qui n'a pas consenti à se
mettre à la place du banquier qui avait fait les
fonds de cette guerre, et à devenir créancier, et
créancier usuraire, de la nation napolitaine,
pour avoir aidé à l'Autriche à renverser sa constitution, à proscrire, à exterminer ses meilleurs
citoyens, ou du moins ceux que nous regardions
comme tels ? Est-il un homme, dans nos rangs,
qui n'ait déclaré injuste la guerre faite à l'Espagne ? En est-il beaucoup qui aient refusé de
prêter à M. de Villèle pour faire la guerre aux
Espagnols ? N'est-il pas vrai que, tout en décla-
mant contre l'expédition, nous l'avons volon-
tairement secondée par nos subsides ? N'est-il pas
vrai que, pour placer leurs fonds à un intérêt
élevé, un grand nombre de nos amis ont con-

senti à charger la nation d'une nouvelle dette très-considérable, et à aider le ministère dans une entreprise qu'ils traitaient publiquement d'inique et d'immorale ? Et si telle est, en général, notre peu de délicatesse, comment voulons-nous que le ministère se pique d'une rigide probité ? Quel droit avons-nous à lui reprocher des injustices dont nous répugnons si peu à recueillir le fruit, et à lui faire un crime de certaines entreprises, quand nous consentons, pour un peu d'argent, à en devenir les auxiliaires (1) ?

-----

(1) J'ai peine à croire que les porteurs libéraux d'inscriptions sur le grand-livre de Naples se fassent une idée bien juste de la nature de la créance qu'ils ont sur les habitans de ce pays. Voici le vrai sens de la requête qu'ils sont censés leur adresser, toutes les fois qu'ils se présentent pour toucher leurs arrérages : « Moi, libéral « et constitutionnel par principes, j'ai prêté mon argent « à l'empereur d'Autriche pour l'aider à abolir votre « constitution, à poursuivre, à anéantir vos libéraux ; et « comme c'est à l'Autriche que j'ai prêté, c'est à vous que « je demande l'intérêt de ma somme ; et comme j'ai la « conscience de lui avoir prêté pour vous faire un tort « très-grave, je vous demande un intérêt usuraire de « l'argent que je lui ai prêté. »

Cette traduction du titre des créanciers peut leur donner une idée de la moralité de leur créance. La plupart, je le sais, peuvent dire qu'ils n'ont pas fait eux-mêmes les frais de l'invasion de Naples ; mais ils ont consenti à se

J'ai donc bien raison de dire que nous sommes tous plus ou moins complices du mal que

mettre à la place de ceux qui les avaient faits, ce qui re-
vient au même.

En général, les prêteurs libéraux méritent, dans toute
l'Europe, le reproche d'être beaucoup trop peu sévères,
non pas sur la légalité, mais sur la légitimité des prêts qu'ils
consentent à faire. Le gouvernement emprunteur offre-t-il
un gros intérêt ? servira-t-il exactement la rente ? voilà
les seules questions qu'on s'adresse. Après cela, on prête
indistinctement au Grec et au Troyen, aux Cortès et
contre les Cortès. On prêterait au grand-turc, on prêterait à l'inquisition, si on les croyait solvables. Je ne veux
pas qualifier cette conduite comme elle semblerait le
mériter : je me contente de remarquer, à notre honte,
que nos ennemis se montrent, à cet égard, beaucoup plus
conséquens ou moins relâchés que nous. Les absolutistes
n'aident pas la liberté de leurs capitaux là où elle triom-
phe. Pourquoi, de notre plein gré, offrons-nous notre
argent au pouvoir absolu là où il fait la guerre à la liberté ? Nous ne savons pas tout ce que nous pourrions empêcher de mal si nous voulions user avec conscience et
discernement de cette faculté que nous avons d'accorder
ou de refuser notre argent à qui nous le demande. Les
contributions obligées, quelque immenses qu'elles puissent
être, sont si loin de suffire aux besoins de certains gou-
vernemens, qu'il ne faudrait, pour réprimer les ambitieux qui les poussent à mal faire, que refuser de secon-
der ces ambitieux par des prestations volontaires en
argent.

peut faire le pouvoir. Les excès dont nous nous plaignons ne sont pas le fait seulement de tel ministre, de tel nom propre, de tel corps nominativement désigné : ils sont un peu l'ouvrage de tout le monde. Le despotisme peut bien se montrer dans les pouvoirs constitués ; mais ce n'est pas en eux qu'il réside : son siége est au milieu de nous ; c'est au sein même de la nation qu'il puise sa force ; notre manque d'instruction, notre apathie, notre pusillanimité, notre dépravation morale , voilà pour lui les sources de sa vie. Que le public ait des volontés droites et fermes, et le pouvoir, sous quelques formes qu'il existe, n'en aura jamais que de justes.

Il n'est pas de situation politique où un peuple ne puisse empêcher qu'on n'entraîne son gouvernement au mal. Suffit qu'il le veuille. Supposez-le privé de la liberté de la presse et de la tribune, sans jury, sans élections libres, sans vote libre de l'impôt : je dis que, dans ce dénûment apparent de tout moyen régulier de résistance, il lui reste encore des moyens immenses de résister au mal, et d'empêcher que son gouvernement n'y soit entraîné malgré lui.

Je ne dirai sûrement pas à ce peuple : Refusez le paiement de l'impôt, opposez la force à la violence ; je lui dirai simplement : Vous avez la voie de la plainte, dont il est toujours permis et toujours facile d'user : sachez donc en faire usage. Vous assurez que telle mesure est universellement réprouvée ? Que cette réprobation ne se manifeste-t-elle ? Ayez au moins le courage de parler. Offrez au pouvoir quelque moyen de se défendre, et de vous défendre contre les ambitieux qui l'excitent à vous opprimer; montrez que vous avez le sentiment du mal qu'on le pousse à vous faire; expliquez-vous-en en public et en particulier, en présence de ses délégués comme au sein de vos familles; que l'expression du blâme que vous infligez aux projets de ses conseillers lui arrive de toutes parts... J'ose affirmer qu'il n'y aura pas d'intrigue de cour qui ne vienne échouer devant des réclamations aussi générales ; pas de clameur de parti qui ne soit promptement étouffée par cette voix de tout un peuple, qu'on pourra justement alors appeler la voix de Dieu.

Ce langage est celui qu'on peut adresser en ce moment à la France. Quand la fraude et la violence présideraient aux élections, la France a toujours moyen, je le répète, de faire parvenir au pied du trône l'expression de ses vrais sentimens. Si nous ne pouvons charger des députés de parler pour nous, rien ne nous empêche de nous expliquer nous-mêmes, et de rectifier par nos plaintes le résultat des élections; rien ne nous empêche de faire savoir au roi ce que nous pensons tous des projets annoncés par le parti qui gouverne. Il nous reste, en tout état de cause, notre intelligence pour juger le mal, notre conscience pour le réprouver, notre langue pour dire que nous le réprouvons, notre bourse que nous pouvons refuser d'ouvrir aux factions qui nous demanderaient notre argent à emprunter pour des desseins coupables... Avec de tels moyens, si nous savons en user, il n'y aura jamais à désespérer de la cause de la liberté et de la justice.